köb

Viele Leser leihen sich nicht nur Bücher bei uns aus, sondern kaufen auch Medien über die Bücherei. Wir leiten diese Bestellungen an den Borromäusverein in Bonn weiter. Abhängig vom Umfang dieser Bestellungen wird uns dafür „Quote“ gutgeschrieben. Davon können wir zusätzliche Bücher erwerben – zum Beispiel diesen Titel. Für diese Unterstützung bedanken wir uns recht herzlich.

Borromäus **Quote**

In neuer Rechtschreibung

1. Auflage 2004

Illustrationen: Thomas Müller
Gesamtherstellung: Westermann Druck Zwickau GmbH
ISBN 3-401-07551-9

Ilka Sokolowski und Claudia Toll

Was passiert, wenn du schläfst?

Mit Bildern von Thomas Müller

EDITION BÜCHERBÄR

Bei Lukas zu Hause

Psst, leise! Lukas schläft schon tief und fest.
Sein Goldhamster aber ist gerade erst aufgewacht.
Für ihn beginnt jetzt der Tag.
Auch die Katze ist nachts gern unterwegs.
Sie bricht zu einem Streifzug durch den Garten auf.
Im Nebenzimmer schauen Mama und Papa
noch eine Nachrichtensendung an.
Der Fernseher läuft ganz leise.
Lukas wird davon nicht wach.

Und das geschieht am Tag:

Zeit für die Schularbeiten!
Lukas beeilt sich,
damit er bald spielen kann.

Lukas und seine Freundin Lisa
haben die Modelleisenbahn
aufgebaut und lassen sie fahren.

Gleich gibt es Abendessen.
Aber vorher muss Lukas noch
aufräumen. Sein Vater hilft ihm.

Wer schleicht durch den Garten?

Der Garten scheint verlassen zu sein. Aber das täuscht!
Die Tiere der Nacht sind unterwegs. Leise schleicht die Katze durch das Gras. Ein Igel sucht nach Futter. Die Maus huscht schnell davon, damit die Katze sie nicht entdeckt.
Der Frosch hat keine Angst. Er weiß, dass die Katze nicht ins Wasser kommen wird, und quakt leise.
Die Nachtfalter flattern lautlos umher.
Wer hat wohl den Ball im Garten vergessen?

Und das geschieht am Tag:

Wenn die Sonne scheint, spielen die Kinder im Garten. Die Nachttiere haben sich versteckt und schlafen.

Im Garten gibt es immer etwas zu tun: Rasen mähen, Blumen gießen, Obst und Gemüse ernten . . .

Wenn es warm ist, wird draußen gegessen. Die Familie sitzt am Gartentisch. Es gibt Himbeerkuchen.

Mitternacht im Dorf

Gerade hat die Turmuhr Mitternacht geschlagen. Im Dorf sind die meisten Leute schon schlafen gegangen. Im Stall bei den Kühen ist es still. Auch der Hofhund hat geschlafen, doch jetzt ist er aus seiner Hütte gekommen. Was hat ihn geweckt? Vielleicht die beiden Männer, die das Gasthaus verlassen. Sie waren die letzten Gäste. Gleich werden die Lichter ausgehen. Der Brunnen plätschert leise.

Und das geschieht am Tag:

Der Bauer hat seine Kühe auf die Weide gebracht. Jetzt mistet er den Stall aus.

Auf dem Dorfplatz treffen sich viele Leute. Sie wollen zum Einkaufen oder sind auf dem Weg nach Hause.

Heute findet eine Hochzeit statt. Das Brautpaar verlässt gerade die Kirche.

Auf der Landstraße unterwegs

Der Autofahrer wollte schon längst zu Hause sein.
Doch plötzlich ist ein Reifen kaputtgegangen.
Zum Glück herrscht mitten in der Nacht nicht viel Verkehr.
Niemand wird durch das stehende Auto behindert.
Zufällig kommt gerade ein Streifenwagen vorbei.
Jetzt wird der Reifen gewechselt.
Ein paar Pferde verbringen die Nacht auf ihrer Koppel.
Neugierig beobachten sie das ungewohnte Schauspiel.

Und das geschieht am Tag:

Der Mähdrescher ist auf dem Weg zum Gerstenfeld. Die Ernte beginnt.

Der Schulbus fährt vom Dorf in die nächste Stadt. Auch viele Autos sind dorthin unterwegs.

Alle Autos müssen warten, wenn der Schäfer mit seinen Tieren die Straße überquert.

Scheinwerfer an! Die Nachtbaustelle

Die Landstraße bekommt eine neue Schicht aus Asphalt.
Die Arbeiter sind schon bei der Brücke angekommen,
die über den Fluss führt.
Sie arbeiten auch in der Nacht, damit die Brückensperrung
bald wieder aufgehoben werden kann.
Bis dahin müssen die Autos über eine Umleitung fahren.
Auf dem Fluss ist es ruhig.
Die Schiffe haben im nächsten Hafen festgemacht.

Und das geschieht am Tag:

Auch auf dem Wasser herrscht Verkehr. Der Lastkahn bringt Kies zum nächsten Hafen.

Die Radfahrer machen einen Ausflug. Am Flussufer können sie weit fahren.

Gut, dass die Brücke nicht mehr gesperrt ist! Das Feuerwehrauto hat es sehr eilig.

Was geschieht in der Fußgängerzone?

In der Fußgängerzone am Stadtpark haben alle Läden geschlossen.
Nur die Apotheke hat Notdienst. Wer dringend ein Medikament braucht, bekommt es auch mitten in der Nacht.
Der Wachmann macht einen Kontrollgang. Auch sein Hund passt auf.
Aber es ist alles in Ordnung. Die Tauben lassen sich von dem Hund nicht stören. Sie kuscheln sich zusammen.
Im Park ruft leise ein Käuzchen.

Und das geschieht am Tag:

Früh am Morgen werden die Straßen gereinigt. Die Geschäfte sind noch geschlossen.

Sobald die Läden geöffnet sind, füllt sich die Fußgängerzone mit Menschen. Fast alle haben etwas zu erledigen oder einzukaufen.

Die Fußgängerzone ist für Autos gesperrt. Nur Lieferwagen dürfen zu den Geschäften fahren.

Die Tiere im Stadtpark

Im Park ist es dunkel, nur einige Wege sind beleuchtet.
Der Steinkauz braucht kein Laternenlicht. Er hört und sieht sehr gut.
Die Wanderratte, die von dem Apfelstrunk nascht, hat er schon erspäht.
Auch die beiden Spaziergänger bemerkt er gleich.
Wohin sie so spät wohl noch unterwegs sind?
Vielleicht bewundern sie den Gesang der Nachtigall.
Ein leises Knacken in den Zweigen verrät den Siebenschläfer.
Schnell und geschickt klettert er weiter.

Und das geschieht am Tag:

Regelmäßig werden die Wege in Ordnung gehalten und die Abfallkörbe geleert.

Im Park ist es schön ruhig. Ein Kind übt Rad fahren. Autos sind hier nicht unterwegs.

Spaziergänger ruhen sich auf den Bänken aus. Der Park ist ein beliebter Treffpunkt.

Ein Besuch in der Sternwarte

Eine aufregende Nacht in der Sternwarte:
Ein Kometenschwarm zieht über den Himmel!
Viele Besucher sind gekommen,
um das seltene Ereignis zu beobachten.
Einige sehen durch das große Teleskop im Inneren der Sternwarte.
Andere haben ihre Fernrohre mitgebracht.
Von der Sternwarte aus wird der Himmel erforscht.

Und das geschieht am Tag:

Bei Tag ist die Kuppel der Sternwarte meist ganz geschlossen.

Ganz selten gibt es eine Sonnenfinsternis zu beobachten. Dafür braucht man einen sehr starken Lichtfilter.

Die empfindlichen Geräte werden regelmäßig geprüft und gereinigt.

Eine ruhige Nacht auf dem Bahnhof

In der Nacht sind nur wenige Reisende unterwegs.
Im Nachtreisezug schlafen die meisten Passagiere schon.
Der Schlafwagenschaffner wartet, ob auf diesem Bahnhof noch jemand zusteigt.
Dann geht die Fahrt weiter. Der Güterzug hält nicht an, er hat noch eine weite Strecke vor sich.

Und das geschieht am Tag:

Schon am Morgen herrscht viel Betrieb. Reisende kommen an, andere eilen zu ihren Zügen.

Für den Lokführer ist die Schicht zu Ende. Sein Kollege löst ihn ab.

Die Reisenden versorgen sich noch rasch mit Proviant für die Fahrt.

Freie Fahrt für die Feuerwehr!

Jetzt ist kaum noch jemand unterwegs.
Sogar mitten in der Stadt kann es nachts ganz still sein.
Busse und Straßenbahnen fahren nur noch jede Stunde.
Ein letzter Gast kommt gerade zurück ins Hotel.
Die Feuerwehr hat auf den leeren Straßen überall freie Fahrt.
In der Feuerwache haben die ganze Nacht hindurch
Feuerwehrleute Dienst.

Und das geschieht am Tag:

Viele haben es eilig, zur Arbeit zu kommen. Die Kinder müssen pünktlich in der Schule sein.

Im Hotel sind neue Gäste angekommen. Gleich werden sie eine Stadtbesichtigung machen.

Feierabendverkehr: Da wollen alle schnell nach Hause. Aber jetzt gibt es erst mal einen Stau.

Ein Spaziergang durch den Zoo

Im Zoo ist es gar nicht so still. Die Nachttiere sind wach. Sie huschen durch ihre Gehege. Die Wolfsfamilie streift umher. Die Biber machen sich jetzt über die Zweige her und lassen sich das frische Grün schmecken. Aber bei den Bären ist Ruhe eingekehrt. Die kleinen Bären haben sich ans Fell der Bärenmutter gekuschelt. Sie schlafen. Oder doch nicht alle?

Und das geschieht am Tag:

Jetzt haben die Wölfe großen Hunger. Nach dem Fressen ruhen sie sich aus.

Aufgewacht und ausgeschlafen: Familie Braunbär ist jetzt munter. Die Jungen wollen spielen.

Viele Kinder und andere Besucher sind im Zoo. Aber wo sind die Biber? Sie schlafen in ihrer Biberburg.

Eine Zeitung wird gedruckt

Hier wird die neue Zeitung gedruckt.
Gleich ist sie fertig und kann ausgeliefert werden.
Die ganze Nacht wurde daran gearbeitet
und die Maschinen standen nicht still.
Noch in letzter Minute musste ein Zeitungsartikel
gegen eine ganz wichtige neue Nachricht
ausgetauscht werden.

Und das geschieht am Tag:

Hier muss erst die Maschine überprüft werden, bevor wieder gedruckt werden kann.

Schon wird wieder an der neuen Zeitung gearbeitet. Die erscheint erst am nächsten Tag.

Die Zeitung wird auf großen Papierrollen gedruckt. Der Gabelstapler bringt sie zur Maschine.

Wenn der Bäcker Brötchen backt

Wenn die Bäckerei um sechs Uhr morgens öffnet,
gibt es gleich frische Brötchen für den Frühstückstisch.
Auch die neue Zeitung ist dann schon erschienen.
Gerade werden die Brötchen noch gebacken.
In der Backstube ist es warm und es duftet schon gut.
Die Bäcker sind sehr früh aufgestanden. Jetzt haben sie viel zu tun.

Und das geschieht am Tag:

Viele Leute wollen am Morgen Brötchen kaufen. Gut, dass in der Backstube noch neue gebacken werden.

Die Bäckerei hat über Mittag geschlossen. Aber der Kiosk ist geöffnet. Was es da alles gibt!

Jetzt gehen die Bäcker nach Hause. Für heute haben sie genug getan. Morgen früh geht es weiter.

Wer raschelt da im Wald?

Im Wald sind viele Tiere wach, während andere schlafen.
Der Fuchs ist auf Futtersuche.
Schon am Abend und in der Nacht war er unterwegs,
aber zwischendurch hat er in seinem Bau geschlafen.
Die Rehe suchen bald ihre Verstecke im dichten Unterholz auf.
Auch der Marder bleibt am Tag lieber in seinem Unterschlupf.
Ob der Waldkauz die kleinen Mäuse sieht?
Schnell huschen sie ins Mauseloch.

Und das geschieht am Tag:

Früh am Morgen macht der Förster einen Kontrollgang durch den Wald. Sein Hund begleitet ihn.

Im Wald ist es schön ruhig. Der Weg ist für Autos gesperrt. Da macht es Spaß, Rad zu fahren.

Alle Tiere verstecken sich, denn jetzt wird es laut. Aber die morsche Fichte muss weggeräumt werden.

Ein neuer Morgen für Lukas

Es ist noch früh und still. Gerade wird die neue Morgenzeitung gebracht. Die Zeitungsausträgerin hat sie schon im ganzen Dorf verteilt und kann nun bald nach Hause gehen. Die Katze ist müde vom nächtlichen Umherstreifen, jetzt möchte sie ihr Futter haben.
Lukas schaut hinaus: Das war bestimmt eine ruhige Nacht.

Ein neuer Tag:

Ein Paket für Lukas! Am Vormittag kommt immer die Postbotin mit dem Auto in das Dorf gefahren.

Zweimal im Jahr kontrolliert der Schornsteinfeger, ob alles in Ordnung ist. Vom Dachfenster aus klettert er zum Kamin.

Morgens macht sich Lukas auf den Weg zur Schule. Was der neue Tag wohl bringen wird?

Mein Bildregister

B
die Bäckerei

F
die Feuerwehr

G
das Gasthaus

H
der Hamster

I
der Igel

N
die Nachtigall

P
die Polizei

R
das Reh

S
der Siebenschläfer

S
die Sternwarte

W
der Waldkauz

Z
die Zeitungsausträgerin